AF339721

Colonies Françaises.

DES

HOMMES DE COULEUR

ET DE LEUR

ÉMANCIPATION

CIVILE ET POLITIQUE.

PAR UN HABITANT PLANTEUR DE LA GUADELOUPE.

PARIS,

Ch^{es} MARY, LIBRAIRE, PASSAGE DES PANORAMAS, N° 60.

X^{bre} 1830.

DES HOMMES DE COULEUR

ET DE

Leur Emancipation.

—◦—

Les hommes de couleur s'agitent en France pour obtenir du gouvernement de jouir dans les colonies des mêmes droits civils et politiques que les blancs. Des députés, des avocats, des journalistes, etc., dont nous respectons la pureté d'intention, tout en déplorant leurs erreurs, effrayés que nous sommes des conséquences désastreuses de l'application de leurs principes, ont épousé chaudement leurs intérêts, qu'ils considèrent liés à ceux de l'humanité et de la justice. Un ministre même, brusquement interpellé, il est vrai, a eu l'imprudence, il y a peu de temps, de préjuger une question d'une si haute importance et de prendre du haut de la tribune des engagemens pour des décisions ultérieures sur cette classe d'hommes, sans penser au danger qu'il y a souvent à convertir en actes législatifs, les impulsions du cœur d'un homme de bien, lorsqu'elles sont en opposition avec de grands intérêts politiques ; sans avoir examiné si la justice et la protection que la France doit aux colons et à leurs propriétés, permettent de remplir ces imprudens engagemens ; sans réfléchir que la conservation ou la perte des colonies est dans la décision que le gouverne-

1 *

ment va prendre relativement aux hommes de couleur.

Car la question n'est pas de savoir, si vingt-cinq à trente mille affranchis exerceront ou pourront exercer certains droits, mais si on veut conserver ou anéantir les colonies ; en enlevant brusquement les garanties des propriétés qui les forment. Les détracteurs des colons sont tellement parvenus à égarer l'opinion publique que la chambre des députés qui renferme tant d'esprits éclairés, a cependant généralement applaudi à cette déclaration du ministre, dont l'exécution aurait des résultats si déplorables ; tant on est accoutumé en France à ne considérer les planteurs colons que comme des hommes encroûtés de préjugés, et qui, oppresseurs de la classe des affranchis, ne s'opposent à sa complète émancipation que par un orgueil ridicule.

Voyons cependant ce que sont ces colons, s'ils sont les tyrans ou les bienfaiteurs des affranchis : examinons leurs droits et les causes de leur opposition à une égalité absolue avec les hommes de couleur ; opposons des faits à des déclamations, et traitons sans prévention et froidement par des principes cette question, en renonçant aux lieux communs et aux mouvemens oratoires dont nos adversaires ont tant abusé et qui ne peuvent entraîner que les résultats des plus funestes.

Pour résoudre sagement les difficultés que présente cette question délicate, on doit se prémunir contre cet enthousiasme d'humanité et d'égalité que l'on nous montre comme le flambeau de la raison, qui est sans doute un sentiment très-honorable en lui-même, mais qui n'élèverait dans les colonies qu'un amas de cendres, de ruines et de cadavres.

L'opposition des colons à la complète émancipation des hommes de couleur est-elle fondée sur leurs droits de propriété ; ou, comme le prétendent leurs détracteurs, ne dépend-elle que d'un *incurable orgueil d'aristocratie?*

Il est, je crois, facile de démontrer qu'elle tient uniquement à leurs droits de propriété ; pour le prouver, remontons à l'origine du système colonial.

Peut-on nous contester que la France, qui avait justement apprécié les avantages immenses que des colonies pourraient procurer à son agriculture, à son industrie, à son commerce et à sa navigation, ait non seulement permis, mais encore encouragé, *jusqu'en* 1815, la traite des esclaves africains, pour défricher et cultiver ces possessions, qui ont été en effet pour elle une source féconde de prospérité et de moyens de jouissance.

Dès lors, les colons, c'est-à-dire des Français, (il est, je crois, nécessaire de le rappeler ; car à la manière dont on traite leurs intérêts, on semble avoir oublié qu'ils sont des enfans de la France), dès-lors, les colons, disons-nous, ont pu acquérir en propriété d'autres hommes. N'examinons pas en lui-même le titre d'une pareille propriété ; quelle que soit sa nature, il est valide aux yeux de la France, puisque c'est elle qui l'a fait, qu'elle l'a établi dans l'intérêt de son commerce et de sa navigation, et qu'elle doit, non seulement respect à toutes les propriétés, de quelque nature qu'elles soient, qui ont été établies et acquises sous la garantie de ses lois, mais qu'il est encore de son devoir, de sa dignité, de sa justice de les protéger, de les soutenir et de les défendre de toute sa puissance, contre ceux qui en voudraient ou qui en pourraient contester le titre.

D'après ces principes inattaquables ; nos adversaires sont donc forcés de convenir que la liberté des esclaves appartient légalement aux colons.

Or, que sont les hommes de couleur ?

Ce sont des esclaves affranchis (1) , des esclaves à qui leurs maîtres, c'est-à-dire, ces mêmes colons, que la plupart d'entr'eux ont l'injustice, nous devons dire l'ingratitude de calomnier, ont accordé la liberté qui était leur propriété puisqu'ils l'avaient achetée avec l'assentiment de la France. Il est vrai qu'en les affranchissant, ils n'ont voulu ni entendu leur donner la plénitude des droits dont ils jouissaient eux-mêmes et qu'ils ont mis ainsi quelques restrictions à leurs bienfaits. Mais le droit de limiter les effets de cette liberté n'appartient-il pas aux donateurs ? peut-on le leur dénier ? Non; qui peut le plus , peut le moins : puisque les colons pouvaient retenir dans l'esclavage ceux qu'ils ont affranchis, à plus forte raison ont-ils pu leur donner la liberté *avec les restrictions qu'ils ont voulues, ou sous la garantie du maintien de celles qui établies par la loi.* Ce bienfait, pour n'avoir pas été absolu, a-t-il cessé d'être un bienfait ? Pour rappeler

---

(1) Il est vrai qu'il y a une partie des hommes de couleur qui sont nés libres. Mais ceux-là même ne doivent pas oublier que c'est aux blancs qu'ils doivent primitivement l'amélioration sociale de leur famille. Ce nombre est, au reste, moins considérable qu'on ne le pense en France. C'est cette classe qui est, en général, la plus éclairée, et dans laquelle on compte des hommes très-distingués, et d'après lesquels on juge faussement le degré de civilisation où la masse des hommes de couleur des colonies est parvenue.

aux hommes de couleur ce qu'ils doivent aux blancs, qu'ils comparent leur situation, non à celle de leurs anciens maîtres, mais à celle des esclaves; situation dans laquelle ils seraient encore, sans la libéralité de ces mêmes hommes qu'ils veulent faire considérer en France comme leurs oppresseurs. L'amour-propre les égare et les rend injustes. Ils ne sont pas fondés à crier à la tyrannie des blancs parce que quelques distinctions les en séparent. Qu'ils soient au reste bien convaincus que ces distinctions ont été conservées, non par un orgueil aveugle, mais par prudence et parce qu'elles ont été reconnues indispensables pour maintenir sans rigueur des esclaves dans l'obéissance, c'est-à-dire, pour la conservation de toutes propriétés coloniales.

Cela est tellement vrai, que la France l'a toujours jugé ainsi, puisque c'est elle qui a établi ces restrictions *sous la garantie desquelles tous les affranchissemens jusqu'à ce jour se sont opérés.* Bien plus, elle a si bien senti que les influences morales peuvent servir à conserver ou à compromettre le régime colonial et toutes les propriétés qu'il garantit, qu'elle a dans tous les temps considéré qu'il y avait danger à laisser aux colons le pouvoir de donner à volonté des affranchissemens, parce que la multiplicité de ces actes ferait fermenter les idées de liberté dans l'esprit des esclaves et pourrait produire leur rébellion. Le gouvernement français a donc voulu, bien que l'affranchissement d'un esclave ne paraisse au premier abord qu'un abandon de propriété de la part du maître, en conséquence un simple acte civil, il a voulu, disons-nous, intervenir, non par suite de vue de fiscalité, comme on le pense généralement, mais par mesure de haute administration, et parce qu'il a senti qu'il était de son devoir, à lui, protecteur de tous les intérêts acquis légalement, de ne pas laisser ébranler, même par des voies indirectes, des propriétés qui s'étaient établies sous sa garantie.

Et c'est lorsque la France a reconnu dans tous les temps la nécessité de se mettre en garde contre les suites de la libéralité des colons, qui, sans les précautions qu'elle a prises, aurait inconsidérément compromis leur existence et leurs propriétés, en multipliant sans réserve les affranchissemens que des écrivains éclairés d'ailleurs, mais aveuglés par les préventions les plus injustes, veulent les présenter à l'opinion publique comme les oppresseurs de la classe des affranchis. Ils devraient plutôt les plaindre de la position difficile où les intérêts de la France et la nature de leurs droits les ont placés, et les louer des efforts et des sacrifices de toute espèce qu'ils ont faits, pour arriver à travers tant d'obstacles, à l'état d'amélioration où sont aujourd'hui les hommes de couleur, les esclaves et les colonies.

Si les colons n'ont pas fait leurs égaux de leurs affranchis, ce n'est donc pas par orgueil, mais parce qu'il y avait danger pour leur existence et pour leurs propriétés. En les affranchissant, ils ont voulu faire le sacrifice du prix de leur liberté, c'est-à-dire un prix déterminé, dont ils ont pu d'avance mesurer et connaître l'étendue; mais ils n'ont pas entendu s'ôter les garanties de la conservation de leurs autres propriétés, et en altérer la valeur, ce qui aurait eu lieu, si leurs affranchis avaient joui des mêmes droits qu'eux : ils les eussent dans ce cas laissés dans l'esclavage, étant effrayés des conséquences que cette égalité aurait eues sur le moral de leurs ateliers. C'est donc en partie à l'existence de ces restrictions dont les hommes de couleur se plaignent qu'ils doivent leur liberté.

Si à présent les hommes de couleur croyent qu'on pourrait peut-être, sans compromettre les propriétés coloniales, diminuer ces restrictions, qu'ils s'adressent non à la France qui ne peut les abolir à elle seule, sans faire un acte de tyrannie, sans violer un droit de propriété, mais qu'ils en appellent franchement à ces mêmes colons, à qui ils doivent déjà leur liberté, leur éducation, et en grande partie la fortune qu'ils possèdent; qu'ils leur demandent d'ajouter à ces bienfaits tous les droits compatibles à la tranquillité des colonies, et alors, nous aimons à le croire, ces droits leur seront accordés.

Car si, jusqu'à ce jour, les habitans planteurs se sont montrés si peu favorables aux nouvelles prétentions des hommes de couleur, s'ils ont manifesté de la répugnance à voir abolir même certaines restrictions qui ont été sans doute jugées nécessaires dans un temps, mais qui ne paraissaient tenir depuis quelques années, qu'à l'amour-propre, et que le gouvernement français vient de supprimer; ce n'est pas qu'ils considérassent qu'il y avait danger pour leurs propriétés dans ces légères réformes ; mais parce qu'ils étaient offensés de ce que les hommes de couleur voulussent en quelque sorte faire violence à leurs droits, en employant la calomnie, et en exagérant le malaise de leur situation, pour déterminer le gouvernement français à prendre sur lui-même de les émanciper complétement, sans l'intervention des blancs des colonies.

Si , mieux conseillés , ils n'avaient pas méconnu les droits des colons , et qu'à eux seuls appartenait , sauf la sanction de la France , d'abolir successivement ces restrictions qui font partie de leurs propriétés , et qui en sont les meilleures garanties ; s'ils se fussent adressés aux conseils-généraux coloniaux , il y a long-temps qu'ils auraient obtenu tous les droits qui peuvent leur être accordés sans entraîner la ruine des colonies , ou en troubler la tranquillité.

Mais , disent les partisans des hommes de couleur , nous ne contestons pas aux colons le droit de propriété sur leurs esclaves ; mais l'esclave , dès qu'il est affranchi , rentre dans les droits imprescriptibles de la nature. Erreur , oubli de principe. L'affranchi rentre , non dans ses droits naturels , dont il a été privé en naissant ou en devenant esclave , mais il se place au rang qui lui est assigné par la loi et la volonté de son maître , qui , comme nous l'avons prouvé , a le pouvoir de limiter les effets de la liberté qu'il accorde à son esclave , puisque cette liberté est sa propriété. Au reste , nous le demandons , les droits politiques sont-ils ses droits naturels ? Ne sont-ils pas des résultats d'une convention purement sociale qui les étend ou les restreint dans l'intérêt , et suivant la forme du gouvernement établi ? Sur trente-deux millions de Français, il n'y en a pas deux cent mille jouissant de tous les droits politiques. Les hommes de couleur et leurs partisans ne voient-ils pas , d'après cela , que l'intérêt de la société exige qu'on restreigne la jouissance de ces droits ; et que les législateurs qui , cédant à un enthousiasme philantropique , étendraient sans précaution et brusquement ces droits, amèneraient l'anarchie et la destruction du corps social dont ils auraient voulu améliorer le sort de chaque membre.

Qu'on cesse donc d'invoquer des droits de nature, lorsqu'il s'agit des droits sociaux, qui varient suivant le pays, et que, lors même que leur cession ne tiendrait pas à des droits de propriété, le gouvernement aurait le droit, par mesure d'ordre public, de ne pas étendre jusqu'à la classe des hommes de couleur, s'il jugeait de telles concessions dangereuses à l'existence des colonies : car la première loi sociale est d'assurer la conservation de l'État. C'est là le but, la fin de toute société.

Mais, ajoutent nos adversaires, nous ne voulons pas ébranler les colonies; nous voulons au contraire les consolider; nous voulons cimenter une union parfaite entre les blancs et les hommes de couleur, en éteignant toutes les jalousies qui les divisent. Nous voulons raffermir ainsi toutes les propriétés coloniales en rendant plus faciles et plus assurées la discipline et l'obéissance des esclaves.

Est-on de bonne foi en soutenant une pareille opinion? Nous aimons à le croire; mais comment ne voit-on pas le danger d'établir sur le même niveau politique les hommes de couleur à des hommes blancs? Ignore-t-on que la plupart de ces hommes de couleur que l'on projette d'assimiler brusquement aux blancs, ont encore leurs frères, leurs sœurs, leurs mères, etc., etc., dans les ateliers d'esclaves de ces mêmes blancs; car on n'affranchit jamais toute une famille à la fois. Et on veut soutenir de bonne foi d'après cela, que l'esclave qui verra son frère, son oncle, son fils, etc., non seulement les égaux de son maître, mais même encore leurs supérieurs (puisqu'on veut que les compagnies des milices puissent être commandées par des hommes de couleur), on veut, dis-je, soutenir que cet esclave aura pour son maître le même respect et plus d'obéissance ! Non, on ne peut le croire.

On ne peut avoir oublié qu'il est impossible que le petit nombre de blancs, même joints aux hommes de couleur, puisse contenir les esclaves, si la force morale ne vient à l'appui de la faiblesse des moyens physiques. Cette force morale est dans l'opinion qui sépare absolument la race des blancs de celle des affranchis, à quelque degré que ce soit.

C'est dans cette opinion qu'est le régime des colonies, et la base de leur tranquillité. Du moment qu'un esclave qui n'étant pas éclairé, ne peut être conduit que par des préjugés palpables qui frappent ses sens, et qui soient mêlés à ses habitudes, du moment disons-nous qu'il verra que les affranchis, c'est à dire, que des membres de sa propre famille, sont les égaux des blancs ou leurs supérieurs, et que lui-même peut le devenir, s'il est affranchi, il est impossible de calculer les résultats déplorables que ce changement d'opinion entraînera.

Pour prévenir ces tristes effets on devrait donc n'accorder certains droits qu'aux enfans d'affranchis, et encore déclarer qu'ils n'en jouiraient qu'au bout d'un certain nombre d'années pour préparer les colons et les esclaves à ces changemens dans leur organisation sociale.

Il faut bien se convaincre qu'il n'y a plus de tranquillité d'existence dans les colonies, si l'on attente à ces moyens d'opinion que l'on appelle *préjugés*, et qui sont

les seules garanties, les seules sauve-gardes des propriétés coloniales.

On ne saurait donc établir une égalité parfaite entre
les blancs et les hommes de couleur, sans manquer le
but qu'on se propose, sans bouleverser les colonies que
l'on veut au contraire raffermir.

Il faut, sans doute, il est convenable (je ne dis pas
juste, car l'abandon d'un droit de la part des colons
sera un bienfait, et non un acte de justice, qui suppose
toujours la reconnaissance d'un droit); il est convenable d'abolir une grande partie des distinctions qui séparent la classe des hommes de couleur de celle des
blancs, et de les rapprocher autant que possible l'une
de l'autre.

Mais si par une loi que l'on appelerait sans doute généreuse en France, et que nous appelerions, nous, avec
plus de raison, spoliatrice, on les mettait sur le même
rang, on compromettrait l'existence des colonies, et on
aggraverait le sort des esclaves.

Car si tous les droits dont jouissent les blancs étaient
accordés aux hommes de couleur, l'obéissance des esclaves étant moins facile à obtenir exigerait une discipline plus sévère.

En outre, les colons planteurs sentant le danger de
faire, par un affranchissement, leur égal d'un de leurs
esclaves, laissant dans l'esclavage les autres membres de
la famille de cet esclave, cesseraient de donner la liberté
à des sujets qu'ils eussent affranchis avec quelques restrictions.

Et c'est lorsque la France désire si vivement améliorer
le sort des esclaves, que par une fausse mesure elle ag-

graverait leur sort, et se fermerait la seule voie légale qu'il y ait pour amener des affranchissemens successifs et sans secousses !!!

Au reste, nous devons rappeler que les réformes à faire sur l'état des hommes de couleur doivent être faites par les colons, et non par la France : 1° par respect pour les propriétés; 2° pour ne pas manquer le but qu'on se propose, l'amélioration, et non la destruction des colonies; 3° enfin, pour éteindre les haines qui divisent les blancs et les hommes de couleur, et non les exciter.

Nous disons d'abord par respect pour la propriété, parce que, si, comme nous l'avons déjà prouvé, les colons n'ont accordé la liberté à une partie de leurs esclaves qu'avec certaines restrictions, ou *sous la garantie du maintien de celles qui étaient établies par la loi*, eux seuls peuvent les abolir légalement sous la sanction de France; eux seuls peuvent être généreux, parce que eux seuls ont à faire des sacrifices, eux seuls peuvent modifier leurs propriétés, et s'ôter sans indemnité des garanties que le gouvernement français a toujours considérées jusqu'à ce jour nécessaires à la conservation des colonies; eux seuls peuvent aussi juger avec discernement des réformes que l'on peut faire sans danger.

Qu'on cesse de méconnaître leur générosité et leur patriotisme, puisqu'ils se sont dépouillés en faveur des hommes de couleur d'une partie de leurs propriétés, en leur accordant la liberté. Ils feront plus, qu'on en soit bien convaincu : ils ne se réserveront que ce qu'ils ne pourraient abandonner sans compromettre leur vie, leurs propriétés et l'existence des colonies. Mais il ne faut pas que la France, en méconnaissant leurs droits, leur enlève le seul prix des sacrifices qu'ils sont disposés à faire, c'est-à-dire la satisfaction de les faire volontairement, et la reconnaissance des hommes de couleur.

Si les concessions sont faites par les conseils-généraux des colonies, le gouvernement français sera juste et préviendra de grands désastres. Il donnera aux colons (qui sont moins hostiles envers les hommes de couleur qu'on ne le pense généralement) les moyens de les rapprocher d'eux par les bienfaits qu'ils leur accorderont. Il en résultera de nouveaux liens entre ces deux classes, qui doivent être unies sans être confondues, et l'on maintiendra ainsi la paix et l'harmonie si nécessaires dans les colonies, surtout dans les circonstances où la France se trouve, où le commerce en général, et surtout celui des places maritimes, est si en souffrance par les inquiétudes que le sort futur des colonies lui donne; inquiétudes qui, partagés par les banquiers de la capitale, dont les capitaux vivifiaient et soutenaient ses opérations, ont amené et amèneront, par le retrait subit de tout crédit, la chûte des maisons les plus honorables; inquiétudes qui ont arrêté les exportations, et en conséquence, la production, c'est-à-dire, l'emploi de tous ces bras que la misère et le désespoir peuvent rendre si dangereux à la tranquillité publique.

Si la France se rend aux réclamations des hommes de couleur, sans l'assentiment primitif des conseils-généraux des colonies, les hommes de couleur croiront avoir remporté une victoire sur les blancs et ils triompheront. Ils triompheront peut-être avec l'orgueil ou plutôt l'arrogance naturelle à tous les hommes qui à tort ou à raison disent et croient souffrir d'une longue oppression.

Les blancs penseront à juste titre que la France a violé leurs droits de propriété, sans avoir obtenu leur assentiment, que dis-je, sans avoir même daigné les consulter. Ils se considéreront comme vaincus par les hommes de couleur, et comme dépouillés arbitrairement par le gouvernement de leur métropole, qui leur devait protection.

C'est ainsi que, par une résolution dont on se sera promis la pacification des colonies et l'union des hommes de couleur avec les blancs, on n'obtiendra que la continuation des haines, ou plutôt leur redoublement, et par suite le déchirement et l'anéantissement de ces possessions que l'on veut consolider.

Et on aura amené ce triste résultat en faisant un acte de tyrannie envers ces Français courageux et industrieux, qui, sur la foi de leur métropole, ont été défricher et cultiver les terres des colonies, pour fournir de nouveaux produits à leur mère-patrie, créer des débouchés à son industrie et à son agriculture, et accroître ses moyens de puissance par les matelots que la navigation de ces possessions forme et entretient.

D'après ces considérations, soit que l'on regarde les restrictions des droits des hommes de couleur comme des droits de propriété, ou seulement comme des garanties de propriété, soit pour ne pas manquer le but qu'on se propose, d'améliorer le régime colonial, et d'éteindre les haines et les jalousies qui éloignent les hommes de couleur des blancs, on doit laisser à ceux-ci l'initiative des réformes à faire dans les colonies, sur l'état des personnes, à condition qu'ils en useront immédiatement et largement.

Poursuivons; examinons les autres raisons que l'on

allègue pour que le gouvernement passe outre, et viole ainsi les droits des colons. Si, dit-on, on n'accorde pas de suite aux hommes de couleur libres les mêmes droits qu'aux blancs, on perdra la colonie, parce que dans ce cas ils menacent de soulever les ateliers.

Nous demandons alors s'il est bien de la dignité de la France de capituler et de faire des transactions de cette espèce avec les prétentions des hommes de couleur, s'ils ont l'audace de menacer de troubler les colonies, dans le cas qu'on ne confirme pas toutes leurs espérances, quelqu'exagérées qu'elles soient (1).

Nous demandons s'il est juste, et si un état ne se manque pas à lui-même, de se déterminer par des menaces pour trafiquer des droits de propriété des colons, et leur enlever brusquement les garanties de leur fortune et de leur existence ?

Il serait, d'après cela, urgent que le gouvernement français fît au plus tôt une profession de foi sur cette question de propriété et d'ordre public, afin d'arrêter les prétentions des hommes de couleur, dans ce qu'elles peuvent avoir d'outré, et de calmer les alarmes des colonies et du commerce maritime.

Il serait de sa dignité de déclarer aux hommes de couleur, que, si d'une part il désire vivement et il veut leur amélioration sociale, il veut aussi atteindre ce but légalement et sans violer les droits des colons; qu'en conséquence, il leur promet sa médiation et toute son influence pour en obtenir au plus tôt toutes les concessions compatibles avec la sécurité des colonies.

(1) Nous croyons au reste qu'on les calomnie en leur prêtant un pareil langage.

Mais il doit leur déclarer en outre, que si, par suite de prétentions exagérées non satisfaites, ils avaient l'imprudence et le malheur de troubler la tranquillité des colonies, il a la volonté et la puissance d'en faire justice.

C'est ainsi que la France concilierait ce qu'elle doit aux colons blancs et ce qu'elle croit devoir aux hommes de couleur.

On voit donc que le dissentiment qui règne entre les défenseurs des hommes de couleur et nous, est moins grand qu'il ne le paraissait d'abord; qu'il est un moyen de nous rapprocher, et de tout concilier. Que veulent les premiers? Ils veulent arriver à l'amélioration de cette classe, à travers tous les dangers, et en violant les droits des colons. Nous, au contraire, propriétaires des colonies, nous consentons, nous désirons même marcher au même but, en y mettant la circonspection et le temps qu'exige une résolution si importante. Nous voulons que la France rende hommage à nos droits de propriété, en nous laissant l'initiative sur les lois qui doivent modifier le régime intérieur des colonies, et apporter dans l'état des hommes de couleur les améliorations qui sont compatibles avec la sécurité de nos propriétés.

Nous voulons que, lorsque les colonies ne sont et ne sauraient être représentées dans la chambre des députés, la chambre des députés ne puisse faire ni proposer des lois coloniales, attendu qu'un Français n'est tenu qu'à l'exécution des lois auxquelles il a concouru par lui-même ou par ses représentans.

Nous accorderons alors de suite aux hommes de couleur tout ce qu'une politique généreuse et sage peut raisonnablement leur céder, et tout ce qui peut se concilier avec la sécurité de nos propriétés. Comme notre opposition à une égalité absolue avec eux n'est pas dirigée par l'amour-propre; si, au fur et à mesure des concessions que nous ferons, l'expérience prouve que nos craintes avaient exagéré les conséquences de ces réformes sur le moral de nos ateliers, nous ferons dans ce cas disparaître successivement toutes les restrictions.

En suivant cette voie, on conciliera tous les droits, on intéressera la classe des hommes de couleur à maintenir la tranquillité du pays, afin d'être en droit de demander et d'obtenir l'extension successive de tous les droits auxquels ils prétendent; attendu que le temps aura prouvé qu'elle n'est point incompatible avec la sécurité de colonies.

IMPRIMERIE DE SELLIGUE,
RUE DES JEUNEURS, N. 14.